PSICOLOGÍA DE LA EDUCACIÓN

Grado en Magisterio en Educación Primaria
Material docente práctico para la asignatura

PSICOLOGÍA DE LA EDUCACIÓN
Grado en Magisterio en Educación Primaria
Material docente práctico para la asignatura

Javier Aceña Medina
Mayte Navarro Gil
Paola Herrera Mercadal

PRENSAS DE LA UNIVERSIDAD DE ZARAGOZA

© Javier Aceña Medina, Mayte Navarro Gil, Paola Herrera Mercadal
© De la presente edición, Prensas de la Universidad de Zaragoza
  (Vicerrectorado de Cultura y Proyección Social)
  1.ª edición, 2024

Colección de Textos Docentes, n.º 327

Prensas de la Universidad de Zaragoza. Edificio de Ciencias Geológicas, c/ Pedro Cerbuna, 12, 50009 Zaragoza, España. Tel.: 976 761 330
puz@unizar.es   http://puz.unizar.es

une Esta editorial es miembro de la UNE, lo que garantiza la difusión y comercialización de sus publicaciones a nivel nacional e internacional.

ISBN 978-84-1340-864-4
Impreso en España
Imprime: Servicio de Publicaciones. Universidad de Zaragoza
D.L.: Z 1232-2024

PRÁCTICA 1:
MOTIVACIÓN EN EL AULA

Hay una fuerza motriz más poderosa que el vapor, la electricidad y la energía atómica: la voluntad.

(Albert Einstein)

Introducción	La motivación es un estado interno que activa, dirige y mantiene la conducta. La psicología de la motivación intenta explicar por qué se inicia una conducta, qué pensamientos y emociones tiene el alumnado mientras realiza una actividad y por qué algunos estudiantes persisten en sus metas mientras otros desisten.
	En esta práctica se trabajarán dos de las principales teorías motivacionales que intentan dar explicación a algunas de estas preguntas: la Teoría de la Atribución de Weiner y la Teoría de la Motivación de Logro de McClelland. Finalmente, el alumnado deberá diseñar una actividad que suponga la puesta en práctica de los principios más importantes que propone Tapia (1991) para la mejora de la motivación.
Objetivos	✓ Identificar las tres principales dimensiones (locus, estabilidad y controlabilidad) que el estudiantado utiliza para explicar las causas de sus éxitos y fracasos, según la Teoría de la Atribución de Weiner.
	✓ Conocer la Teoría de la Motivación de Logro de McClelland y saber aplicarla en el aula.
	✓ Aprender a diseñar una actividad para mejorar la motivación poniendo en práctica los principales principios propuestos por Tapia.
Temporalización	1 clase (2 horas)

Actividad 1

Analiza las cinco situaciones siguientes y marca con una x la dimensión correspondiente de la Atribución Causal que creas que realiza el alumnado según la Teoría de la Atribución de Weiner (1986).

Señala, igualmente, si dicha atribución crees que afectará a su autoestima y a su motivación (en su caso, indica si es «positivamente» o «negativamente»; en caso contrario, deja la casilla en blanco).

A modo de ejemplo:

A Sara todavía le cuesta realizar operaciones sencillas con fracciones. En casa comenta: «La maestra me grita cuando me equivoco y por eso no me salen bien».

Locus		Estabilidad		Controlabilidad	
Interno	Externo	Estable	Inestable	Controlable	Incontrolable
	X	X			X

¿Afectará a su autoestima?		¿Afectará a su motivación?	
Sí	No	Sí	No
X		X	
Negativamente		Negativamente	

1. Lucía es una alumna de segundo de Educación Primaria. Su maestra le ha felicitado por lo bien que ha realizado una actividad con recortables sobre el cuerpo humano. Lucía piensa que este tipo de trabajos siempre se le ha dado muy bien.

Locus		Estabilidad		Controlabilidad	
Interno	Externo	Estable	Inestable	Controlable	Incontrolable

¿Afectará a su autoestima?		¿Afectará a su motivación?	
Sí	No	Sí	No

2. Raúl ha sacado muy buena nota en el examen de la semana pasada sobre números decimales. Raúl, tras contárselo a sus padres, añade: «Es que la profesora ha puesto un examen demasiado fácil».

Locus		Estabilidad		Controlabilidad	
Interno	Externo	Estable	Inestable	Controlable	Incontrolable

¿Afectará a su autoestima?		¿Afectará a su motivación?	
Sí	No	Sí	No

3. La profesora de Educación Física ha diseñado un circuito de desplazamientos, saltos y equilibrios para que su alumnado mejore en psicomotricidad. Alba, una de sus alumnas más aplicadas, ha salido muy descontenta porque ha tardado mucho en realizarlo y se ha tropezado varias veces. No obstante, piensa que con algo más de práctica y entrenamiento lo hará mucho mejor.

Locus		Estabilidad		Controlabilidad	
Interno	Externo	Estable	Inestable	Controlable	Incontrolable

¿Afectará a su autoestima?		¿Afectará a su motivación?	
Sí	No	Sí	No

4. El maestro de Gonzalo está muy enfadado con él porque esperaba mucho más de la exposición de su trabajo en la asignatura de Lengua Castellana y Literatura. Gonzalo, visiblemente avergonzado, se disculpó diciéndole: «Sé que no me esforcé lo suficiente, pero prometo que la próxima vez haré un trabajo más completo».

Locus		Estabilidad		Controlabilidad	
Interno	Externo	Estable	Inestable	Controlable	Incontrolable

¿Afectará a su autoestima?		¿Afectará a su motivación?	
Sí	No	Sí	No

5. Un/a estudiante atribuye su fracaso en la realización de una determinada actividad o tarea aduciendo las siguientes razones. Señala con una x a qué dimensiones crees que corresponde según la Teoría de Atribución Causal de Weiner (1986).

	Locus de control		Estabilidad		Controlabilidad	
	Interno	Externo	Estable	Inestable	Control.	Incontr.
Entendió mal la tarea						
El maestro no dejó el tiempo suficiente						
Manía de la maestra						
Falta de esfuerzo						

Escasas aptitudes						
Ese día, había mucho ruido en clase						

Actividad 2

Lee el siguiente caso y responde a las preguntas que, a continuación, se plantean.

Caso 1: Marcos no alcanza los objetivos esperados

Marcos está cursando 5.º de Educación Primaria. Es un niño tímido y risueño con poca confianza en sí mismo. Se esfuerza mucho en las actividades que hace, pero siente que nunca alcanza los objetivos deseados porque, según dice él, es más «tonto» que el resto de sus compañeras/os. Sus padres le apoyan mucho y dedican gran parte de la tarde a realizar los deberes con él.

En clase siempre que puede elige las tareas más fáciles y su maestra, frecuentemente, se acerca a su sitio para ayudarle mientras el resto se mantiene en silencio. De hecho, a veces ella termina dándole la solución o haciéndole los ejercicios. Marcos se siente avergonzado porque percibe que es el niño al que más apoyo presta.

La semana pasada la maestra le dio los resultados de unas fichas donde tenía que operar con números decimales. Él se desanimó mucho porque la mayoría de los ejercicios no los supo hacer. Su maestra le transmitió con mucha pena que necesita mejorar y le insistió en que tiene que prestar más atención y esforzarse más. Ahora Marcos está más triste que nunca. La semana que viene volverán a repetir las fichas en clase y se siente incapaz de hacerlo bien. Su maestra no le ha explicado en qué falló la anterior vez y él no se ha atrevido a preguntarlo por miedo a parecer más torpe de lo que ya se siente.

---

1. ¿Qué tipo de atribución realiza Marcos ante el fracaso? ¿Y qué consecuencias tendrá en su futuro?

2. ¿Qué crees que hace que este tipo de atribuciones se mantenga?

3. ¿Qué tipo de atribuciones crees que realizaría si en vez de fracasar tuviera éxito en la tarea? ¿Por qué?

4. Según la Teoría de la Motivación de Logro:

- ¿Por qué Marcos elige las actividades más fáciles? ¿Y a qué compañeros/as crees que escogerá para realizarlas?

- Y si Marcos tuviese alta motivación de logro, ¿qué tipo de actividades y compañeros/as crees que elegiría entonces?

5. Finalmente, ¿qué errores crees que comete su maestra con él? ¿Qué pautas le darías para intentar mejorar la motivación de Marcos?

Actividad 3

Propón un ejemplo concreto de una actividad que suponga la puesta en práctica de cada uno de los siguientes principios que propone Alonso Tapia para la mejora de la motivación del alumnado en el aula. Referencia: Tapia, A. (1991). *Motivación y aprendizaje en el aula. Cómo enseñar a pensar*. Santillana.

Primeramente, indica en el siguiente cuadro: el Área de Cocimiento elegida, el Curso de Educación Primaria en el que se encuadra la actividad y el Estándar de Aprendizaje Evaluable. Para ello, ten en cuenta lo dispuesto en el Real Decreto 126/2014, de 28 de febrero, por el que se establece el currículo básico de la Educación Primaria (*BOE* núm. 52, de 1 de marzo de 2014).

Área de conocimiento	
Bloque	
Contenido	
Estándar de aprendizaje evaluable	

Principios de Tapia (1991):

I. En relación con la forma de presentar y organizar la tarea:

- Activar la curiosidad e interés del alumnado
- Mostrar la relevancia del contenido.

II. En relación con la forma de organizar la actividad:

- Organizar la actividad en grupos cooperativos
- Dar el máximo posible de opciones para fomentar la autonomía.

III. En relación con los mensajes que el profesorado transmite al alumnado:

- Orientar la atención del alumnado (antes, durante y después de la tarea).

PRÁCTICA 2:
APRENDIZAJE POR CONDICIONAMIENTO CLÁSICO EN EL AULA

El cambio es siempre el resultado final de todo verdadero aprendizaje.
(Leo Buscaglia)

Introducción	El condicionamiento clásico fue descubierto en 1927 por el fisiólogo ruso Iván Pavlov y desarrollado en 1925 por John B. Watson. Es un tipo de aprendizaje producido por la asociación entre estímulos. De forma resumida, un estímulo originariamente neutro, es decir, que no genera respuesta en el organismo, tras ser emparejado con otro estímulo que sí la provoca (estímulo incondicionado), deja de ser neutro y adquiere la capacidad de suscitar una respuesta similar al incondicionado. Explica el aprendizaje de respuestas emocionales y fisiológicas que surgen de manera automática e involuntaria.
	En el ámbito educativo, el alumnado se encuentra continuamente condicionado para experimentar emociones agradables o desagradables en clase. Con la realización de esta práctica adquirirá una comprensión más clara del funcionamiento del condicionamiento clásico y de sus implicaciones en el aula.
Objetivos	✓ Identificar los principios fundamentales y las condiciones necesarias para producir el condicionamiento clásico.
	✓ Reflexionar sobre las implicaciones del condicionamiento clásico en el ámbito educativo.
Temporalización	1 clase (2 horas)

Actividad 1

Las siguientes situaciones son ejemplos de condicionamiento clásico. Identifica para cada una de ellas los parámetros E (estímulo) - R (respuesta) más significativos y explica brevemente cómo se relacionan.

1. Isabel disfruta mucho siempre en el aula que tiene su colegio destinada para realizar actividades de la asignatura de Educación Artística-Plástica. Para ella es uno de los momentos más divertidos y agradables de la semana. Aunque le encantan todas la actividades que propone su maestra, lo que más le gusta es modelar figuras con materiales como la arcilla o la plastilina. Al curso siguiente, cuando Isabel entró nuevamente al aula de plástica se sintió feliz y entusiasmada.

Estímulo neutro (EN)	
Estímulo Incondicionado (EI)	
Respuesta Incondicionada (RI)	
Estímulo Condicionado (EC)	
Respuesta Condicionada (RC)	

Breve explicación:

2. La semana pasada fuimos con el maestro de Ciencias de la Naturaleza al parque de la ciudad para observar distintas formas de vida animal y vegetal en un entorno natural. En un momento dado, mientras observábamos el estanque de los patos, un extraño me tiró al suelo y me robó la mochila, haciéndome mucho daño. En esos momentos me asusté mucho y me quedé temblando un rato hasta que se me pasó el susto. El caso es que ayer fui a otro parque, esta vez a jugar con mis primos al balón y, aunque estaban mis padres cerca, sentía miedo de que me volvieran a asaltar otra vez y pensé: «¡Odio los parques!».

Estímulo neutro (EN)	
Estímulo Incondicionado (EI)	
Respuesta Incondicionada (RI)	
Estímulo Condicionado (EC)	
Respuesta Condicionada (RC)	

Breve explicación:

3. Elisa cursa 3.º de Educación Primaria y por fin comienza a cogerle el gusto a las matemáticas. En casa, le cuenta a sus padres que su maestra Laura es muy simpática y tiene mucha paciencia con ella. Siempre le dedica una sonrisa cuando pasa por su pupitre y le explica con detenimiento aquellos ejercicios en los que tiene mayor dificultad. Un día, mientras Elisa paseaba con sus padres por la sección de perfumería de un centro comercial, olió el mismo perfume que usa su profesora. En esos momentos sonrió y sintió un profundo bienestar.

Estímulo neutro (EN)	
Estímulo Incondicionado (EI)	
Respuesta Incondicionada (RI)	
Estímulo Condicionado (EC)	
Respuesta Condicionada (RC)	

Breve explicación:

4. Pili es una maestra con un estilo de enseñanza muy autoritario. Se enfada cuando su alumnado responde de manera inadecuada a las preguntas formuladas en clase y suele utilizar reprimendas y castigos para modificar actitudes que ella considera inadecuadas. Sus estudiantes cada vez que intuyen su presencia, oyendo el sonido de sus tacones aproximándose al aula, corren

despavoridos a sentarse en su sitio.

Estímulo neutro (EN)	
Estímulo Incondicionado (EI)	
Respuesta Incondicionada (RI)	
Estímulo Condicionado (EC)	
Respuesta Condicionada (RC)	

Breve explicación:

5. Lucía saltaba por primera vez en una colchoneta del patio del colegio cuando un niño mayor que ella saltó cayendo sobre su pierna. Lucia gritó de dolor y su maestro Daniel la llevó apresuradamente al hospital. Se había roto el fémur y tuvo que permanecer durante todo el verano con la pierna escayolada. Ha pasado un año y dice asustada no estar preparada para volver a saltar encima de una colchoneta.

Estímulo neutro (EN)	
Estímulo Incondicionado (EI)	
Respuesta Incondicionada (RI)	
Estímulo Condicionado (EC)	
Respuesta Condicionada (RC)	

Breve explicación:

6. David odia las verduras. Dice que, cuando era pequeño, le dieron coliflor en mal estado en el comedor del colegio y se puso a vomitar. Desde entonces no quiere probar las verduras porque dice que le dan mucho asco.

Estímulo neutro (EN)	
Estímulo Incondicionado (EI)	
Respuesta Incondicionada (RI)	
Estímulo Condicionado (EC)	
Respuesta Condicionada (RC)	

Breve explicación:

7. Nuestro maestro Ángel suele ponernos música de fondo en clase mientras realizamos algunas actividades de Ciencias Sociales. Nos lo pasamos muy bien porque sus clases son muy amenas y divertidas. Un día mientras íbamos en el coche sonó por la radio una de las canciones. En esos momentos esbocé una amplia sonrisa y sonriendo le dije a mis padres «Mi profesor Ángel es genial».

Estímulo neutro (EN)	
Estímulo Incondicionado (EI)	
Respuesta Incondicionada (RI)	
Estímulo Condicionado (EC)	
Respuesta Condicionada (RC)	

Breve explicación:

8. La semana pasada, durante el recreo, Luis fue intimidado en el patio del colegio por unos niños mayores que él y se asustó mucho. Le quitaron el almuerzo y le tiraron las gafas al suelo. Desde entonces, cada vez que Luis está en el recreo intenta permanecer cerca de los/as maestros/as porque tiene miedo.

Estímulo neutro (EN)	
Estímulo Incondicionado (EI)	
Respuesta Incondicionada (RI)	
Estímulo Condicionado (EC)	
Respuesta Condicionada (RC)	

Breve explicación:

Actividad 2

Piensa y responde a los siguientes ejercicios prácticos y preguntas de reflexión que se proponen.

1. Según las leyes o principios del condicionamiento clásico, en la situación 6 de la Actividad 1:

   - ¿Qué ley o principio se está produciendo?

   - ¿Y si Carlos solo tuviera asco a la coliflor y no a las demás verduras?

   - ¿Carlos está condicionado para tener asco a la coliflor toda la vida? ¿Se podría hacer algo para extinguir este condicionamiento? Justifica tu respuesta.

2. Lee y responde a las preguntas del siguiente caso:

   > *Caso: Eva no quiere ir al cole*
   >
   > Eva tiene seis años y acaba de empezar 1.º de Educación Primaria en un nuevo colegio. La adaptación al centro no está siendo la esperada. Eva llora por las mañanas e insiste en no querer ir al colegio porque le duele la tripa. Este comportamiento se acentúa los días que realizan educación física. Sus compañeros/as se ríen de ella en el gimnasio cuando le toca correr o realizar cualquier ejercicio y ella intenta angustiada pasar desapercibida hasta que acaba la clase.
   >
   > Los padres de Eva ya no saben qué hacer con ella. Al principio probaron a darle todo tipo de premios y refuerzos por ir al colegio, pero al ver que su comportamiento no cesa han comenzado a castigarla y a enfadarse con ella. Sin embargo, da igual lo que hagan, ella siempre llora por las mañanas y dice tener dolor de tripa.

   - ¿Por qué los padres de Eva no consiguen modificar su comportamiento?

   - ¿Qué tipo de respuestas están siendo condicionadas en este caso?

   - Explica brevemente cómo explicarías a los padres de Eva qué está sucediendo y qué recomendaciones les harías.

3. Reflexiona sobre la importancia del condicionamiento clásico en el ámbito educativo.

PRÁCTICA 3:
APRENDIZAJE POR CONDICIONAMIENTO OPERANTE EN EL AULA

Las consecuencias de un acto afectan a la probabilidad de que se produzca de nuevo.
(B. F. Skinner)

Introducción	El condicionamiento operante o instrumental es un aprendizaje basado en que la probabilidad de que se produzca una conducta depende de las consecuencias esperadas. De esta manera, las conductas que conllevan consecuencias positivas se fortalecen y aquellas que conllevan consecuencias desagradables se debilitan. Aunque los estudios pioneros partieron de E. Thorndike (1874-1949), el autor más importante en la investigación sobre el condicionamiento operante fue B. F. Skinner (1904-1990). En el ámbito educativo es habitual la adquisición o eliminación de conductas adecuadas e inadecuadas mediante este tipo de aprendizaje. La realización de estos ejercicios permitirá al estudiantado una comprensión más clara sobre el funcionamiento del condicionamiento operante y sus implicaciones en el aula.
Objetivos	✓ Identificar los principios fundamentales y las condiciones necesarias para producir el condicionamiento operante. ✓ Reflexionar sobre las implicaciones del condicionamiento operante en el ámbito educativo.
Temporalización	1 clase (2 horas)

Actividad 1

Lee con detenimiento las siguientes situaciones e indica en cada una de ellas qué método de modificación de conducta operante se está produciendo (reforzamiento positivo, reforzamiento negativo, castigo positivo o castigo negativo) y con qué finalidad (incrementar una conducta, mantenerla, reducirla, extinguirla, etc.). Ten en cuenta que en la misma situación pueden darse más de un tipo de reforzamiento y/o castigo. Explica brevemente cómo se ha llevado a cabo y si crees que los reforzadores o castigos han sido efectivos.

1. Mis alumnos/as suelen mostrarse muy participativos en las actividades que se realizan en clase. Todos son muy obedientes y siguen mis indicaciones, salvo Álvaro, que suele ser muy indisciplinado, se levanta continuamente de su sitio y molesta al resto de compañeros/as mientras están trabajando. Ante esta situación, y al ver que este hecho se repetía cada vez con mayor frecuencia, decidí que durante una semana Álvaro no participase en el juego final de canciones que solemos realizar los últimos minutos de cada sesión y que tanto les gusta, teniendo que quedarse en su pupitre observando a sus compañeros/as. A partir de entonces, Álvaro comenzó a comportarse mejor en clase.

2. A Samuel le encanta hacer el payaso en clase. Marta, su maestra, cree que es por llamar su atención, así que decide dejar de prestarle atención cada vez que muestra dicha conducta. Tras varias semanas, Marta se da cuenta de que su estrategia de dejar de prestar atención a Samuel no está funcionando, ya que lejos de remitir su conducta, esta se da con mayor frecuencia. Samuel sigue haciendo el payaso y provocando risas y carcajadas entre sus compañeros/as (ante la pasividad de su profesora, que no le hace caso).

3. Cuando tenía alguna duda con la asignatura, le mandaba de inmediato un correo electrónico a mi profesor. Al principio, me contestaba con rapidez y eso me encantaba porque así tenía una comunicación muy fluida con él. Pero, al cabo de unas semanas, vi que mi profesor tardaba dos o tres días en contestarme, hasta que ya ni me contestaba. Pensé que quizás fui demasiado pesado, así que finalmente decidí preguntarle mis dudas a alguno de mis compañeros/as, evitando mandarle mensajes a mi profesor.

4. Trato de conseguir que mi alumnado se implique al máximo en la realización de las actividades prácticas que les planteo. Para conseguirlo, les he indicado que si alcanzan una nota media superior a un 8 en las prácticas no tendrán que realizar el examen final tipo test. Desde entonces, la asistencia e implicación a las clases prácticas ha aumentado.

5. Después de advertir varias veces a Julián de que deje de molestar a Inés y se centre en su trabajo, le mandé que escribiese 100 veces en un papel «Me portaré bien en clase». A partir del día siguiente, Julián ya no volvió a molestar más a Inés.

6. Oliver es un niño que tiene muchas rabietas a lo largo del día. Su maestra Paula ha intentado modificar su comportamiento de distintas formas, pero ninguna funciona. Cuando Oliver tiene una rabieta, le deja sin recreo y, cuando no la tiene, le da un caramelo o le exime de realizar determinadas tareas o ejercicios que no le gustan. Paula también le ha dicho que el día que no tenga ninguna rabieta él podrá elegir el premio que quiera; no obstante, por el momento Oliver sigue comportándose igual que siempre.

s
o
os

Están

as a su

Actividad 2

Piensa y responde a los siguientes ejercicios prácticos y preguntas de reflexión que se proponen.

1. Lee el siguiente caso y responde a las preguntas que a continuación se plantean.

> *Caso 1. ¡No consigo motivar a mis alumnos/as!*
>
> Hoy Paula ha planteado en su aula de Educación Primaria diferentes actividades para motivar a sus estudiantes y trabajar el tema del respeto en clase. Para ello, ha decidido comenzar el día viendo unos dibujos animados que tratan sobre el compañerismo y la amistad, y que a su sobrina de cuatro años le encantan.
>
> *¡Ha sido un desastre!,* relata Paula.
>
> *Varios niños/as emitían pedorretas y otros sonidos estridentes con la boca mientras otros se reían y se movían de un sitio a otro. Al principio, me h(* *mostrado paciente,* dice Paula. *¡Encima de que os pongo dibujos!*, les h dicho exaltada. Hasta que, enfadada, ha gritado que si no prestaban atenció apagaría el monitor. Los/as niños/as más revoltosos del aula ha permanecido impasibles riéndose y uno de ellos ha contestado *Quítalos, sc una caca.*
>
> Mientras tanto, sorprendentemente, Pablo, uno de los niños más movid(de clase, permanecía en su sitio tranquilo y atento, junto con el resto (niños y niñas que trataban de prestar atención a los dibujos. Paula, enfada(lo ha mirado desconfiada sin decirle nada y ha gritado: *¡Se acabó!* *¡* *quedáis sin dibujos!* Y ha castigado a toda la clase sin visitar el acua (actividad escolar que se encontraba planificada para dentro de var meses).

- ¿Qué tipo de reforzadores y de castigos aparecen en este caso? *¿* actuando como tal?

- ¿Cuáles son los principales errores que comete Paula?

- ¿Qué recomendaciones le harías a Paula? Propón alternativ conducta.

2. Identifica en los siguientes ejemplos el tipo de programa de reforzamiento utilizado (continuo o intermitentes de RF, RV, IF e IV).

Marta está aprendiendo a leer. Cada vez que dice tres palabras seguidas bien su maestra le ánima diciéndole: *¡Bien hecho!*	
Miguel no suele mostrarse colaborativo en las tareas del aula, pero cada vez que ayuda a recoger el material utilizado en clase su maestra le felicita por la tarea realizada.	
Alberto quiere incentivar que sus alumnos/as pinten con acuarelas. Cada 30 minutos pintando sin distracciones deja encima de la mesa de cada estudiante su caramelo favorito.	
A Carlos le cuesta mucho ponerse a hacer los deberes. Sus padres reconocen con elogios, frecuentemente, su esfuerzo y constancia mientras los hace.	
Los/as alumnos/as de Carmen están aprendiendo las tablas de multiplicar. Cada tres multiplicaciones que realizan correctamente, Carmen les pone un gomet verde en la mano.	
Toby es un perro que ha aprendido la orden de dar la patita. Sus dueños le dan su gominola favorita cada vez que tras recibir la orden obedece unas cuantas veces.	

3. Respecto al ejercicio anterior:

- ¿Por qué crees que al perro Toby le dan el refuerzo (su gominola favorita) tras obedecer unas cuantas veces a la orden de dar la pata y no cada vez que lo hace?

- ¿En cuál de los anteriores casos será más fácil la adquisición de la conducta?

- ¿Y en cuáles de ellos será más fácil mantenerla? Justifica tu respuesta.

4. Contesta a las siguientes preguntas:

    - ¿Cuáles son las principales diferencias y similitudes entre el condicionamiento clásico y el condicionamiento operante?

    - Reflexiona sobre la importancia del condicionamiento operante en el ámbito educativo.

PRÁCTICA 4:
MODIFICACIÓN DE CONDUCTAS EN EL AULA

La educación no es prepararse para la vida, la educación es la vida en sí misma.
(John Dewey)

Introducción	En esta práctica se trabajan las principales técnicas operantes de modificación de conducta en el aula, que tienen dos objetivos principales: 1) incrementar conductas deseadas mediante la utilización de técnicas como el reforzamiento positivo, el reforzamiento negativo, el principio de Premack o el moldeamiento, entre otros y 2) debilitar o eliminar conductas indeseadas mediante la extinción o el uso de castigos, entre otros métodos. Asimismo, el estudiantado aprenderá a implementar programas de reforzamiento positivo en el aula.
Objetivos	✓ Aprender a implementar las principales técnicas de modificación de conducta en el aula. ✓ Reflexionar sobre el uso de los castigos.
Temporalización	1 clase (1 hora)

Actividad 1

Lee el siguiente caso y contesta a las preguntas que a continuación se exponen.

Caso 1. Carlos está muy cambiado

Carlos cursa 2.º de Educación Primaria. Su tutora, María, comenta que ha cambiado mucho de un curso para otro. Siempre había sido un niño gracioso y risueño que destacaba por llevar la voz cantante en clase, pero este año muestra un comportamiento especialmente irrespetuoso y agresivo. Nunca trae los deberes hechos a clase, interrumpe las explicaciones continuamente, hace ruiditos para suscitar las risas de los/as compañeros/as cuando ella no mira y, a menudo, rompe y se niega a ordenar el material del aula. Aunque María intenta no prestar atención a su comportamiento para no alterar la dinámica de la clase, la mayor parte del tiempo le resulta imposible y acaba llamándole la atención. Carlos reacciona levantando la voz y responde de manera agresiva tirando cosas y haciéndole la burla a su profesora.

Últimamente, estas faltas de respeto se han trasladado a la clase de psicomotricidad, en la cual su comportamiento había sido siempre impecable. A Carlos le encantaba ir a clase, es un estudiante muy ágil y tiene muy buenas habilidades motrices. Sin embargo, en las últimas clases, ha llegado a empujar a sus compañeros/as cuando hacen circuitos de saltar obstáculos, no espera su turno y no respeta la fila.

Para colmo, Carlos, que siempre había sido un alumno especialmente despierto, este curso académico muestra un rendimiento escolar considerablemente inferior al resto. Además, María comenta que, solo cuando se realizan actividades que a él le gustan, consigue conectar con él. En concreto, Carlos muestra un especial interés por las manualidades, *¡Le encanta cuando hacemos construcciones con material reciclado en clase!*, dice María. Le fascinan también los juegos de adivinanzas y los puzles.

María, preocupada por la situación de este estudiante, ha decidido ponerse en contacto con sus padres. Ellos le comentan que acaban de divorciarse y que Carlos está mostrando serias dificultades para adaptarse a la nueva situación familiar. Los padres de Carlos y su tutora reflexionan durante horas sobre la manera en que pueden ayudar a mejorar su comportamiento en el aula.

---

a) Según el caso anterior, indica de qué manera podría María implementar las siguientes técnicas de modificación conductual para Carlos en el aula. Pon un ejemplo para cada una de ellas.

Reforzamiento Positivo	
Reforzamiento Negativo	
Principio de Premack	
Moldeamiento	
Reforzamiento de conductas incompatibles	

b) ¿Crees que el uso de castigos está justificado para alguna/s conducta/s que se dan en este caso? Razona tu respuesta.

c) Pon un ejemplo que ayude a mejorar el comportamiento de Carlos utilizando cada uno de los siguientes programas de reforzamiento.

Programas de reforzamiento	Continuo		
	De intervalo	Fijo	
		Variable	
	De razón	Fijo	
		Variable	

PRÁCTICA 5:
ECONOMÍA DE FICHAS

La tarea más difícil en la vida es la de cambiarse a uno mismo.
(Nelson Mandela)

Introducción	La economía de fichas es un método de modificación de conducta basada en los principios de condicionamiento operante, que consiste en administrar fichas o puntos a los/as niños/as cuando realizan las conductas adecuadas. Estas fichas actúan como reforzadores y pueden ser posteriormente canjeadas por otros objetos o premios. De esta manera, en el ámbito educativo, se puede pactar con el alumnado que si consigue un número determinado de fichas podrá canjearlas por determinadas actividades o premios que desee.

El objetivo principal de este método es incrementar conductas y comportamientos de interés. |
| *Objetivos* | ✓ Profundizar en la aplicación de métodos de modificación conductual para incrementar conductas deseadas en el aula.

✓ Aprender a implementar un programa de economía de fichas en el ámbito educativo.

✓ Identificar los principales errores que suelen producirse al llevar a cabo un programa de economía de fichas. |
| *Temporalización* | 1 clase (2 horas) |

Actividad 1

Diseña un programa de economía de fichas con los datos que se proporcionan en el siguiente caso.

Caso 1. Álvaro no hace caso en clase

Álvaro ha empezado este año 3.º de Educación Primaria y asiste muy contento al centro. Se trata de un niño muy despierto y cariñoso; sin embargo, su maestra, Silvia, observa que a Álvaro le cuesta mucho mantener hábitos y rutinas, así como respetar normas básicas de comportamiento en el aula, lo que interfiere en el normal funcionamiento de las actividades del grupo. Cuando llega por las mañanas a clase nunca deja la mochila y el abrigo en su sitio, es incapaz de permanecer sentado más de media hora e interrumpe continuamente las explicaciones de su maestra. Silvia ha pensado diseñar e implementar un programa de economía de fichas para mejorar el comportamiento de Álvaro en clase. ¿Podrías ayudarla a confeccionarlo?

Para ello, recuerda llevar a cabo los siguientes pasos:

1. Establecer de manera clara y concisa una serie de objetivos (conductas meta) que se pretendan conseguir. Estos objetivos puedes encontrarlos en la propia descripción del caso y complementarlos con otros que consideres que podría venirle bien incorporar a la maestra de Álvaro.

2. Seleccionar el tipo de fichas o de puntos que van a utilizarse. Pueden ser pegatinas, caritas sonrientes o cartulinas de colores que representen diferentes valores.

3. Acordar qué refuerzos o premios pueden obtenerse y cuántas fichas son necesarias para obtener cada uno de ellos. Para ello, debes desarrollar un listado de *hobbies* y aficiones para Álvaro.

4. Establecer un conjunto de normas que regulen el intercambio de fichas por las recompensas acordadas y diseña un registro que recoja el resultado del procedimiento.

Actividad 2

A continuación, se presentan tres situaciones distintas en las que se ha aplicado un programa de economía de fichas sin obtener buenos resultados. En este sentido, explica brevemente qué errores crees que se están produciendo en cada uno de los casos y propón alternativas que puedan ser más eficaces.

1. Miguel es un niño muy impulsivo que ha sido diagnosticado recientemente con TDAH. Su maestra, Elena, no consigue que permanezca sentado sin interrumpir en clase. Por ello, ha acordado con él una serie de refuerzos que podrá obtener por cumplir con un listado de normas en el aula. Entre ellos, Elena le ha prometido que cada día que no moleste a sus compañeros/as ni se levante del sitio le dará 15 fichas que podrá canjear por diferentes privilegios, como dejarle un tiempo para leer cuentos. Miguel, sin embargo, sigue interrumpiendo la clase con la misma frecuencia de siempre. Su maestra comenta con otras compañeras que es un niño imposible y que poco más se puede hacer con él.

Errores	
Alternativas	

2. Adriana, profesora de 1.º de Educación Primaria, comenta que su alumnado este año es especialmente revoltoso. Para intentar mantener la clase en orden ha instaurado una serie de normas. Entre ellas, acuerda recompensar a sus estudiantes con pegatinas de caritas sonrientes de color naranja, morado o azul que pueden canjearse por una, dos o tres monedas de chocolate, respectivamente, al final de cada clase. De esta manera, todos/as los/as niños/as consiguen siete u ocho monedas mínimo cada día. Sin embargo, el comportamiento de sus estudiantes ha empeorado considerablemente, han empezado a exigir chocolatinas y otros privilegios por cumplir las normas y cuando no las consiguen parece no importarles. Ahora Adriana está preocupada y siente haber perdido más que nunca el control del aula.

Errores	
Alternativas	

3. Irene nunca ha ido de campamentos en verano y este año quiere apuntarse con sus amigas. Sus padres le han dicho que podrá ir si acumula 100 fichas por buen comportamiento hasta final de curso. Irene ha conseguido 25 fichas y empieza a sentirse desanimada para realizar las tareas consensuadas con sus padres. Todavía es enero y su madre le recuerda continuamente que si no obedece no recibirá las fichas y se quedará sin campamentos. Para colmo, la profesora de Irene les ha dicho a sus padres que algunos días no lleva los deberes hechos. Su madre se ha enfadado muchísimo y ha decidido quitarle todas las fichas que había conseguido hasta ese momento.

Errores	
Alternativas	

PRÁCTICA 6:
CONTRATO DE CONTINGENCIAS

> Si voy por el camino del aprendizaje, estoy en el camino correcto.
> (John Wooden)

Introducción	El contrato de contingencias consiste en un acuerdo escrito o verbal aceptado por varias partes, normalmente uno o varios adultos (padres o profesores) y un alumno. En este contrato se estipula qué conductas se esperan del estudiante, durante cuánto tiempo y qué recompensas recibirá por su realización. La redacción del contrato debe realizarse entre todas las partes implicadas y debe incluir:
	1. Una descripción clara y detallada de las conductas que debe cumplir el estudiante. 2. Tiempo acordado en que se compromete a realizar las tareas. 3. Nivel de ejecución o criterios mínimos consensuados para considerar que se ha cumplido de manera satisfactoria con la realización de las tareas. 4. Tipo de premios o recompensas que pueden conseguirse si se cumplen las condiciones del contrato. 5. Leves consecuencias si no se cumplen.
	Aunque la aplicación del contrato de contingencias es recomendable en estudiantes de primaria y secundaria, principalmente, su uso puede resultar útil en el alumnado de último curso de Educación Infantil cuando las conductas a modificar son muy disruptivas.
Objetivos	✓ Conocer la redacción de un contrato de contingencias y saber llevarlo a cabo de manera práctica.
Temporalización	1 clase (1 hora)

Actividad 1

¿Recuerdas el caso de «Carlos está muy cambiado»?

Léelo con detenimiento y diseña un contrato de contingencias entre las partes implicadas (Carlos y su profesora). Recuerda que dicho contrato ha de estar enfocado en corregir el comportamiento de Carlos en la escuela. El contrato debe contener como mínimo aquellas conductas que se desean implementar en Carlos, el tiempo y nivel de ejecución de dichas conductas, así como los beneficios que puede obtener por ello y las consecuencias en caso de incumplimiento del acuerdo.

Estudio de caso: Carlos está muy cambiado

Carlos se encuentra cursando actualmente 4.º de Educación Primaria. Su tutora, María, comenta que ha cambiado mucho de un curso para otro. Siempre había sido un niño gracioso y risueño que destacaba por llevar la voz cantante en clase, pero este año muestra un comportamiento especialmente irrespetuoso y agresivo. Nunca trae los deberes hechos a clase, interrumpe las explicaciones continuamente, hace ruiditos para suscitar las risas de los/as compañeros/as cuando ella no mira y, a menudo, rompe y se niega a ordenar el material del aula. Aunque María intenta no prestar atención a su comportamiento para no alterar la dinámica de la clase, la mayor parte del tiempo le resulta imposible y acaba llamándole la atención. Carlos reacciona levantando la voz y responde de manera agresiva tirando cosas y haciéndole la burla a su profesora.

Últimamente, estas faltas de respeto se han trasladado a la clase de psicomotricidad, en la cual su comportamiento había sido siempre impecable. A Carlos le encantaba ir a esta clase, es un estudiante muy ágil y tiene muy buenas habilidades motrices. Sin embargo, en las últimas clases, ha llegado a empujar a sus compañeros cuando hacen circuitos de saltar obstáculos, no espera su turno y no respeta la fila.

Para colmo, Carlos, que siempre había sido un alumno especialmente despierto, este curso académico muestra un rendimiento escolar considerablemente inferior al resto. Todos/as sus compañeros/as han empezado a leer palabras sencillas y él parece no terminar de reconocer algunas letras todavía. Además, María comenta que solo cuando se realizan actividades que a él le gustan, consigue conectar con él. En concreto, Carlos muestra un especial interés por las manualidades, *¡Le encanta cuando hacemos construcciones con material* *reciclado en clase!*, dice María. Le fascinan también los juegos de adivinanzas y los puzles.

María, preocupada por la situación de este estudiante, ha decidido ponerse en contacto con sus padres. Ellos le comentan que acaban de divorciarse y que Carlos está mostrando serias dificultades para adaptarse a la nueva situación familiar. Los padres de Carlos y su tutora reflexionan durante horas sobre la manera en que pueden ayudar a mejorar su comportamiento en el aula.

CONTRATO DE CONTINGENCIAS EN EL ÁMBITO EDUCATIVO

Sección del alumnado

Yo............. (alumno) y yo............ (tutora), creamos este contrato conductual para mejorar la armonía en la escuela. Se podrá renovar en 4 días y podrán firmarse nuevas condiciones. Estando de acuerdo ambas partes aceptamos las condiciones que deberán ser cumplidas tal y como se especifican.

(Incluir aquí las conductas a implementar de manera operativa y específica, cuando proceda, el nivel de ejecución o criterios mínimos consensuados para considerar que Carlos ha cumplido de manera satisfactoria con la realización de las tareas).

(Incluir los premios asociados al cumplimiento de las conductas realizadas por Carlos y especifica, cuando proceda, el nivel de ejecución o criterios mínimos consensuados con él para considerar que ha cumplido de manera satisfactoria con la realización de las tareas).

(Incluir las multas o pérdidas de privilegios asociadas a un comportamiento inadecuado de Carlos en el aula).

Ambas partes conocen que este contrato se acuerda de manera voluntaria y que los términos y condiciones serán respetados por los firmantes.

Fecha.....................

Firmado:

              Alumno   *Tutora*

Adaptado del manual de Rodríguez, S. (2015). *Psicología de la Educación. Grado en Educación Infantil y Primaria*. Ediciones Pirámide.

PRÁCTICA 7:
APRENDIZAJE OBSERVACIONAL

> Educar con el ejemplo no es una forma de educar, es la única.
> (Albert Einstein)

Introducción	En los años sesenta Albert Bandura señaló que las teorías conductistas eran insuficientes para explicar el aprendizaje y defendió que este puede producirse observando la conducta de otras personas y sus consecuencias, y no solamente mediante asociaciones entre estímulos y respuestas. Propuso un modelo que incluye factores sociales conocido como «Teoría del Aprendizaje Social» que reformuló, posteriormente, con el nombre de «Teoría Cognitivo Social».
Objetivos	✓ Reflexionar acerca del aprendizaje observacional en el aula y la influencia que distintos modelos (profesorado, compañeros, familias y medios de comunicación) generan en el alumnado. ✓ Analizar las principales aportaciones de la Teoría Cognitivo Social de Albert Bandura respecto al aprendizaje.
Temporalización	2 clases (4 horas) Este ejercicio se realizará en dos sesiones de clase: • Primera clase: Elaboración de la práctica. • Segunda clase: Exposición únicamente del apartado 2. Todos los miembros del grupo deberán participar en la exposición de este apartado. El tiempo máximo de exposición para cada uno de los grupos será de 10 minutos.

Actividad 1

Analiza las siguientes preguntas y ejercicios y trata de responder según los principios del aprendizaje observacional:

1. Aplicando las ideas de Albert Bandura muestra un ejemplo de «aprendizaje activo (directo)» y otro de «aprendizaje vicario o por observación (indirecto)» en el entorno de un aula de Educación Primaria.

2. Albert Bandura estableció una distinción entre aprendizaje y desempeño. Propón un ejemplo que sirva para entender la diferencia entre ambos términos.

3. Raúl, el profesor de un aula de Educación Primaria, quiere que en clase se respeten las opiniones de los demás, aunque no se esté de acuerdo con dichas opiniones. Como ve que sus indicaciones han caído en «saco roto», ha decidido contar con la ayuda de Luis, un alumno que es un referente y líder en clase. Para ello, Raúl ha diseñado un debate de ideas en clase sobre un tema controvertido, ya que espera que el hecho de no respetar las ideas ajenas y los comentarios despectivos vuelvan a repetirse. Raúl conviene con Luis que, en cuanto se produzca alguna de estas situaciones, se levante de su asiento y muestre su disconformidad con este tipo de actitudes, momento en el cual el profesor le daría la enhorabuena delante de la clase por dicho comentario y le agradecería su aportación.

   • Analiza y comenta el caso desde el punto de vista de la Teoría Cognitivo Social de Albert Bandura.

   • ¿Qué tipo de reforzamiento ha obtenido Luis?

   • ¿Y si Luis realiza la conducta deseada tras observarla en otro alumno/a y su profesor le elogia en público por ello? ¿Qué tipo de reforzamiento sería entonces?

   • Imagina que el resto del alumnado modifica su comportamiento tras la intervención de Luis para ser también elogiado por el maestro. ¿Qué tipo de reforzamiento se estaría dando?

4. Un profesor plantea una actividad en un aula de Educación Primaria. Se trata de una actividad de aprendizaje cooperativo por parejas. En este sentido, decide poner a Miguel (un alumno con grandes dificultades para esa actividad) con Laura (la alumna más aventajada y popular de clase). Tras comprobar que la actividad la han resuelto satisfactoriamente, el profesor decide utilizar a Miguel para que explique al resto de la clase cómo han llegado a la solución. Tras la explicación, el profesor elogia en público la actitud y el trabajo realizado por ambos y, en concreto, la buena disposición de Miguel por aprender y su excelente explicación para que los demás (principalmente aquellos con más dificultades) pudieran entender la manera correcta de realizar la actividad.

- Analiza la situación planteada desde el punto de vista de la «Teoría de la causalidad triárquica recíproca».

- Identifica las contribuciones que aporta la Teoría Cognitivo Social y que está utilizando en este caso el profesor.

Actividad 2

Analiza los contenidos violentos y sexistas mostrados en televisión con el fin último de activar nuestro sentido crítico como observadores, siendo capaces de reflexionar acerca de su repercusión en la conducta de su público objetivo (niños/as de Educación Primaria). Para ello, selecciona dos fragmentos de películas o series dirigidas a dicha franja de edad (6-11 años) donde se vean representadas conductas de tipo violento o de carácter sexista. De igual modo, analiza algún anuncio o campaña publicitaria realizada a través de los medios de comunicación social (TV, radio o medios escritos) que contengan dicho tipo de conductas.

Apartados del trabajo

Extensión máxima: no más de dos folios por ambas caras, exceptuando imágenes, en su caso. Tipo de letra calibrí, tamaño 11.

a) Breve comentario sobre la temática de cada película o serie y sobre el anuncio o campaña publicitaria (no más de 120 palabras para cada uno de los casos).

b) Registro y análisis de las conductas violentas y sexistas.
   - ¿Qué conductas aparecen? Explícalas. Puedes clasificar las violentas según su naturaleza física (golpes, daño), verbal (insultos, amenazas) o relacional (rumores y manipulación)
   - ¿Las consecuencias de las conductas son visibles?
   - ¿Qué series o películas de las elegidas tienen más capacidad de influencia?

c) Reflexión final, análisis crítico.

Exposición en clase

Recomendable usar presentación en PowerPoint e incorporar fragmentos de vídeos en los que aparecen las conductas objeto de análisis mientras se van explicando. Todos los miembros del grupo participarán en la exposición.

PRÁCTICA 8:
APRENDIZAJE POR DESCUBRIMIENTO

> Dime y lo olvido, enséñame y lo aprendo, involúcrame y lo recuerdo.
>
> (Benjamin Franklin)

Introducción	En 1961, el psicólogo estadounidense Jerome Bruner desarrolló una teoría del aprendizaje constructivista conocida como *aprendizaje por descubrimiento*. El aprendizaje por descubrimiento consiste en que el propio sujeto transforma, descubre y adquiere el conocimiento por sí mismo. De esta manera, el contenido no se presenta al alumnado en su formato final, sino que debe ser descubierto por sí mismo. El profesorado evita dar indicaciones sobre el qué hacer o correcciones cuando se cometen errores. Su papel es actuar de guía conduciendo al alumnado para que haga observaciones y formule hipótesis que pongan a prueba sus observaciones. Un ejemplo en el aula sería que un grupo de niños y niñas que conocen los colores primarios descubran los secundarios mezclando pinturas de acuarelas por sí mismos.
Objetivos	✓ Aprender a diseñar actividades mediante aprendizaje por descubrimiento de Bruner en un aula de Educación Primaria.
Materiales	✓ Real Decreto 126/2014, de 28 de febrero, por el que se establece el currículo básico de la Educación Primaria (*BOE* núm. 52, de 1 de marzo de 2014).
Temporalización	1 clase (1 hora)

Actividad 1

Como futuro/a profesor/a de un aula de Educación Primaria, imagina que quieres trabajar determinados conocimientos con tu alumnado mediante estrategias de aprendizaje por descubrimiento.

Primeramente, indica en el siguiente cuadro el área de conocimiento elegida, el curso en el que se pretende desarrollar la actividad, el número de bloque y el contenido a enseñar. Para ello, ten en cuenta lo dispuesto en Real Decreto 126/2014, de 28 de febrero, por el que se establece el currículo básico de la Educación Primaria (*BOE* núm. 52, de 1 de marzo de 2014).

Área de conocimiento	
Bloque	
Contenido	
Estándar de aprendizaje evaluable	

a) Describe la actividad que vas a realizar para producir el aprendizaje del nuevo conocimiento. Recuerda que la actividad debe organizarse despertando la actitud reflexiva del alumnado, que le permita plantearse preguntas o dudas a resolver, pero que sean accesibles y puedan ser descubiertas por ellos mismos.

b) Indica de qué manera se guiará el proceso de aprendizaje. Especifica para ello:

- Lugar de realización

- Organización del espacio

- Medios a utilizar

- Instrucciones sobre la tarea a realizar.

- Pistas o aportaciones que estimulen al estudiantado a formular y poner a prueba hipótesis que permitan resolver la situación de aprendizaje (tutelaje cognitivo).

- Retroalimentación para indicar al alumnado cómo y cuándo consiguió resolver la situación.

c) Tras la realización de la actividad, ¿de qué manera se verificará que el alumnado ha asimilado e interiorizado el nuevo conocimiento que se pretendía enseñar?

d) Reflexiona acerca de las principales ventajas e inconvenientes que puede tener implementar en el aula la actividad de aprendizaje por descubrimiento descrita anteriormente.

PRÁCTICA 9:
DISEÑO DE UN ORGANIZADOR AVANZADO

El factor más importante que influye en el aprendizaje es lo que el alumno ya sabe.
Averígüese esto y enséñele consecuentemente.
(Ausubel)

Introducción	Un organizador avanzado es un material introductorio que se presenta como un avance de lo que se va a aprender. De esta manera, la nueva información objeto de estudio se relaciona con las ideas que el alumnado ya tiene en su estructura cognitiva. Los organizadores avanzados pueden ser comparativos y expositivos. Los organizadores comparativos se utilizan cuando el estudiantado está familiarizado con el tema que va a tratarse; es decir, cuando existen conocimientos previos. Son los que en esta práctica van a trabajarse.
Objetivos	✓ Aprender a diseñar actividades de aprendizaje mediante el uso de organizadores avanzados de tipo comparativo en un aula de Primaria.
Materiales	✓ Real Decreto 126/2014, de 28 de febrero, por el que se establece el currículo básico de la Educación Primaria (*BOE* núm. 52, de 1 de marzo de 2014).
Temporalización	1 clase (1 hora)

Actividad 1

En el contexto de un aula de Educación Primaria diseña un organizador avanzado (tipo comparativo) de un área de conocimiento que sirva de puente cognitivo entre un nuevo conocimiento que desees enseñar y los ya existentes en la estructura cognitiva del alumnado.

Primeramente, indica en el siguiente cuadro el área de conocimiento elegida, el curso en el que se pretende desarrollar la actividad, el número de bloque y el contenido a enseñar. Para ello, ten en cuenta lo dispuesto en el Real Decreto 126/2014, de 28 de febrero, por el que se establece el currículo básico de la Educación Primaria (*BOE* núm. 52, de 1 de marzo de 2014).

Área de conocimiento	
Bloque	
Contenido	
Estándar de aprendizaje evaluable	

a) Señala cuál es el conocimiento nuevo que se pretende enseñar y cuál el conocimiento ya existente en el esquema cognitivo del alumnado.

b) Desarrolla y describe el organizador avanzado de manera pormenorizada. Para ello, presenta de manera explícita las relaciones existentes entre el conocimiento que el alumnado ya tiene y el nuevo que se pretende enseñar.

c) Explica cómo, una vez presentado el organizador avanzado, se procede a introducir el contenido subordinado.

d) Indica, tras la realización de la actividad, de qué manera se verificará que el alumnado ha asimilado e interiorizado el nuevo conocimiento que se pretendía enseñar.

e) Reflexiona acerca de las principales ventajas e inconvenientes que puede tener implementar en el aula la actividad de aprendizaje significativo descrita anteriormente.

PRÁCTICA 10:
ELABORACIÓN DE UN MAPA CONCEPTUAL

Enseñando aprendemos.
(Lucio Anneo Séneca)

Introducción	El mapa conceptual, desarrollado por Joseph D. Novak, es una técnica de aprendizaje que permite al docente indagar con el alumnado en sus conocimientos previos y al estudiantado organizar, estructurar e interrelacionar el contenido estudiado. En un mapa conceptual se muestran de manera visual y gráfica las relaciones entre determinadas ideas o conceptos. Los conceptos se relacionan jerárquicamente y se sitúan más cerca o más lejos del concepto principal según su importancia.
Objetivos	✓ Aprender a elaborar mapas conceptuales identificando y organizando jerárquicamente los conceptos más importantes del contenido de una materia para un aula de Educación Primaria.
Materiales	✓ Real Decreto 126/2014, de 28 de febrero, por el que se establece el currículo básico de la Educación Primaria (*BOE* núm. 52, de 1 de marzo de 2014).
Temporalización	1 clase (1 hora)

Actividad 1

a) Diseña un mapa conceptual que represente los elementos más importantes de un contenido de una materia de aprendizaje del currículo de Educación Primaria.

   Para ello, recuerda seguir los siguientes pasos:

   - Elige el contenido de una materia de aprendizaje. Para ello consulta el Real Decreto 126/2014, de 28 de febrero, por el que se establece el currículo básico de la Educación Primaria (*BOE* núm. 52, de 1 de marzo de 2014.

   - Identifica los conceptos más relevantes.

   - Organiza jerárquicamente los conceptos.

   - Realiza el mapa incluyendo relaciones entre conceptos, descritas por palabras, teniendo en cuenta que las proposiciones deben tener sentido para cualquier persona que lea el mapa.

   - Examina la estructura final y realiza los ajustes necesarios.

b) Piensa y responde: ¿consideras que este tipo de recursos facilita el aprendizaje significativo del alumnado? Razona tu respuesta.

c) Analiza por qué los mapas conceptuales son considerados una estrategia metacognitiva de aprendizaje.

PRÁCTICA 11:
ELABORACIÓN DE UN RELATO DIGITAL
(DIGITAL STORYTELLING)

> El *Storytelling* revela el sentido sin cometer el error de definirlo.
> (Hannah Arendt)

Introducción	El relato digital (*digital storytelling*), también llamado el «arte de contar historias» es una práctica basada en el paradigma constructivista y que se apoya en las ventajas que ofrecen las nuevas tecnologías de la información (TIC). Para su elaboración el alumnado debe apoyarse en herramientas digitales, mediante montajes de audiovisuales capaces de incluir, entre otros, textos escritos, animaciones, dibujos o fotografías fijas, además de las más habituales grabaciones de vídeo y audio.

El relato digital, en su forma más conocida, es un vídeo corto de aproximadamente 2 o 3 minutos que combina imágenes estáticas y/o en movimiento, música, efectos de sonido, etc., con una narración creada y grabada por el autor del vídeo, en el que comunica un mensaje que incluye su punto de vista tratando de involucrar a la audiencia.

En esta práctica el estudiantado explicará los contenidos impartidos en clase mediante la creación de una historia que provoque emociones en el público objetivo y que contribuya a potenciar el aprendizaje de la asignatura y a desarrollar cualidades como la comunicación, la creatividad y el trabajo cooperativo. |
| *Objetivos* | ✓ Mejorar el grado de comprensión e interiorización de los contenidos teóricos más relevantes de la asignatura de Psicología de la Educación. |

	✓ Saber aplicar en el proceso de enseñanza herramientas basadas en las nuevas tecnologías.
Temporalización	4 clases (8 horas)

Actividad 1

Elabora un relato digital en el que aparezca de forma implícita alguno de los conceptos relacionados con los contenidos de la asignatura. El formato a utilizar será un video de una duración aproximada de entre 2 y 3 minutos.

Los conceptos podrán ser propuestos por el propio alumnado o bien a indicación del profesorado. A título orientativo, se proponen a continuación algunos de los conceptos más relevantes de la asignatura de Psicología de la Educación.

1	Autoeficacia, autoconcepto y autoestima	
2	Teoría de atribución (B. Weiner): locus, controlabilidad y estabilidad	
3	Diseño universal para el aprendizaje (DUA)	
4	La aplicación del "«Efecto Pigmalión»" en el aula	
5	Condicionamiento clásico: el principio de contigüidad	
6	Condicionamiento operante: reforzamiento +/- y castigo +/-	
7	Condicionamiento operante: programas de reforzamiento	
8	Modificación de conducta: La economía de fichas	
9	Modificación de conducta: el moldeamiento	
10	El proceso de adaptación (J. Piaget): asimilación y acomodación	
11	Aprendizaje observacional (A. Bandura)	
12	El proceso atencional y sus tipos	
13	La zona de desarrollo próximo (L. Vygotsky)	
14	Aprendizaje por descubrimiento	
15	Aprendizaje significativo con organizadores avanzados comparativos	
16	Teoría triárquica (Sternberg): inteligencia analítica, creativa, práctica	

17	Teoría de las inteligencias múltiples (H. Gardner)	
18	Pensamiento convergente vs divergente	
19	Conocimiento declarativo, procedimental y condicional	
20	…/…	

El profesorado en este trabajo valorará principalmente:

- La correcta explicación y representación del contenido en el relato digital.
- La adecuación de la técnica utilizada.
- Creatividad, originalidad y amenidad del relato.
- Aspectos técnicos de la grabación: edición, luz, volumen de la voz, calidad de la imagen y el sonido, ausencia de ruidos distorsionadores, etc.
- Respetar el tiempo máximo de duración permitido.

Instrucciones para colgar el relato digital en Moodle

El enlace del relato digital se presentará a través de la carpeta de tarea correspondiente de la plataforma Moodle-ADD habilitada para ello. Solo un miembro de cada grupo deberá subirlo en representación de todos/as indicando:

- Miembros del grupo
- Contenido representado
- Enlace.

A continuación, se especifican dos formas diferentes para generar el enlace del relato digital:

Forma 1: Mediante Google drive
- Se cuelga el vídeo en una carpeta de Google drive.
- En la pestaña de «obtener el enlace» debe seleccionarse la opción de «disponible para la Universidad de Zaragoza» o «cualquier persona con enlace».

- El enlace debe colgarse en la carpeta de Moodle que tiene por nombre «Entrega trabajo final» indicando nombre y apellidos de los/as integrantes del grupo y contenido elegido que ha sido representado.

Forma 2: Mediante YouTube

- Entrar en la página de la conocida plataforma YouTube (www.youtube.com) y subir el vídeo a la misma. Es conveniente que el formato del mismo sea «avi». El archivo (o vídeo) debe tener un nombre específico que lo haga fácilmente identificable; dicho nombre debe estar constituido por el número de grupo o nombre de los participantes y el contenido elegido. Tener en cuenta que la intención es que el material audiovisual solo debe ser visible para aquellas personas que cuenten con la URL del mismo. Por tanto, es importante que al subir el archivo se seleccione la opción «oculto».
- Una vez el vídeo sea subido se debe copiar la URL provista por YouTube y colgarla en la carpeta de Moodle que tiene por nombre «Entrega trabajo final» indicando nombre y apellidos de los/as integrantes del grupo y contenido elegido que ha sido representado.

Actividad 2

Elabora una memoria escrita que contenga la relevancia y el impacto de los contenidos teóricos escogidos en el ámbito educativo mediante la realización de una búsqueda bibliográfica.

La memoria debe poseer la siguiente estructura:

1. *Objetivos del trabajo.* Plantear de manera adecuada los objetivos del relato digital. Deben expresarse de forma concisa, clara e inequívoca, comenzando con un verbo en infinitivo: *analizar, comparar, definir, clasificar, explicar, describir,* etc. Distinguir entre objetivo general (explicitar qué esperáis lograr con vuestro relato digital) y objetivos específicos (explicitar cómo alcanzar vuestro objetivo general). Extensión aproximada: media hoja.

2. *Fundamentación teórica.* Se debe reflexionar acerca de la relevancia de los conceptos elegidos y su aplicación en la enseñanza de Educación Primaria. Asimismo, para la mejor comprensión del trabajo, se debe enmarcar conceptualmente a nivel teórico estudios y teorías más relevantes respecto a los conceptos elegidos. Se ha de tener muy presente que todas las fuentes (libros, artículos, páginas web, etc.) consultadas y que se hayan decidido incluir en el trabajo deben citarse correctamente según normativa APA (American Psychological Association). En caso contrario, se incurrirá en lo que se denomina plagio. Cometes plagio si reproduces partes literales o fragmentos de la obra de otro autor (incluyendo imágenes, gráficos, fotografías o datos estadísticos) e incluso si escribes con tus propias palabras (parafrasear). Extensión aproximada: 3 hojas.

3. *Referencias bibliográficas.* Se indicarán al menos 4 fuentes bibliográficas (libros, artículos, monografías, páginas web, etc.) que hayas utilizado en la elaboración del trabajo y que hayan sido citados en el mismo según la normativa APA más reciente. Como mínimo, una de las referencias bibliográficas será en el idioma inglés.

Para su evaluación por el profesorado, se valorará principalmente:

- Redacción clara, coherente y estructurada, con un uso correcto del lenguaje y un dominio del discurso académico.
- Adecuación del trabajo a los contenidos propuestos.

- Adecuada contextualización y fundamentación teórica.
- Correcto diseño de la metodología de trabajo.
- Ajuste del trabajo a la normativa APA.

PRÁCTICA 12:
DISEÑOS DE INVESTIGACIÓN

El conocimiento no es una vasija que se llena, sino un fuego que se enciende.
(Plutarco)

Introducción	En esta práctica el estudiantado conocerá los tres métodos básicos que se utilizan para recabar información en psicología de la educación: el descriptivo, el correlacional y el experimental.
	La investigación descriptiva tiene como objetivo observar y registrar un comportamiento. La investigación correlacional se utiliza para medir dos variables y describir la relación entre ambas; cuanto más fuerte es la correlación entre dos variables, más fácil es predecir una a partir de otra. Y la investigación experimental permite establecer causas y efectos introduciendo cambios y observando los resultados en diferentes grupos de participantes que son comparables.
Objetivos	✓ Comprender e identificar las características de los principales métodos de investigación en el estudio científico de la conducta (observacional, correlacional y experimental).
Temporalización	1 clase (2 horas)

Actividad 1

A continuación, se muestran diferentes estudios de investigación enfocados al ámbito educativo. Léelos atentamente y contesta a las preguntas que, en cada uno de ellos, se exponen.

Estudio 1. Prevención del acoso escolar en el alumnado de Educación Primaria

Los/as maestros/as de un centro escolar han implementado un programa de prevención del acoso escolar desde edades tempranas. El estudio ha consistido en analizar la influencia de la aplicación de dicho programa en alumnado de Educación Primaria. La muestra estuvo constituida por 105 estudiantes y las clases fueron asignadas de manera aleatoria mediante un programa informático a cada una de las condiciones del estudio. El grupo experimental recibió el programa de prevención del acoso escolar y el grupo control siguió con el currículum escolar establecido. Los resultados encontrados mostraron en el grupo experimental menores niveles de acoso escolar y un mayor desarrollo de conductas empáticas y prosociales respecto al grupo control. Se propone, por tanto, la implementación de este tipo de programas desde edades tempranas para la prevención del acoso escolar.

---

a) Plantea el problema, los objetivos e hipótesis de este estudio.

b) Indica el diseño de investigación utilizado, la muestra seleccionada, las variables y los grupos que intervienen.

c) Describe brevemente posibles futuras líneas de investigación tras el estudio expuesto.

Estudio 2. Motivación y estrategias de aprendizaje en estudiantes de Magisterio

El profesorado de la Universidad de Zaragoza ha realizado un estudio para investigar la relación entre determinadas variables motivacionales y las estrategias de aprendizaje de sus estudiantes. La muestra ha estado compuesta por 200 estudiantes que cursan el Grado en Magisterio en Educación Primaria de los campus de Huesca, Zaragoza y Teruel. Para evaluar su objetivo, han recopilado datos acerca de ambas variables de estudio mediante la administración de diferentes cuestionarios. Entre los diferentes resultados hallados, la motivación orientada a la tarea ha mostrado correlaciones positivas con las estrategias de elaboración y organización, y una correlación negativa con la estrategia de repetición.

a) Indica qué tipo de diseño se ha utilizado y las variables que intervienen en este estudio.

b) Respecto a los resultados:

- ¿Qué significa que se hayan encontrado correlaciones positivas entre la motivación orientada a la tarea y las estrategias de elaboración y organización? ¿Y que se hayan encontrado negativas con la estrategia de repetición?

- Entre el -1 y el +1, ¿a qué valor estimado crees que se aproximará la correlación positiva?, ¿y la negativa?. ¿y si no existiese correlación?

c) Explica brevemente la diferencia conceptual entre correlación y causalidad. Pon un ejemplo de cada una de ellas.

Estudio 3. El experimento del malvavisco y la capacidad de control

En la década de los 1960 el psicólogo Walter Mischel y su equipo realizaron una interesante investigación sobre la demora de la gratificación (*Marshmallow Experiment*) con el objetivo de analizar la capacidad de autocontrol de los niños/as. En este experimento se daba a elegir entre una recompensa inmediata o una recompensa posterior mayor. Así, se estudiaba la habilidad para resistir a una tentación. En este caso era un dulce (un malvavisco), lo que aquí en España se conoce como una nube de azúcar.

El estudio contó con 16 niños y 16 niñas de entre 3 y 5 años a quienes se les hizo un seguimiento a lo largo de 14 años. A los/as niños/as se les sentaba en una mesa, se colocaba delante de ellos una nube de azúcar y se les explicaba que podían comérsela en ese instante o esperar 15 minutos y entonces podrían tener dos golosinas en vez de una. Los niños/as se quedaban solos y una cámara grababa sus reacciones. Algunos se la comían rápidamente, otros intentaban no mirar, hacían gestos de desesperación, la olían e incluso le daban pequeños mordisquitos. A los 15 minutos el investigador/a regresaba y, si el dulce seguía intacto, entonces les daba otro más y podían comerse los dos. Apenas una tercera parte de los niños/as pudo resistir la tentación y esperar a la recompensa mayor.

Vídeo del experimento: https://www.youtube.com/watch?v=bdYcgb0-nsA

---

a) Plantea el objetivo del estudio.

b) Indica el diseño de investigación y el método utilizado.

c) Describe las principales características de este diseño de investigación y justifica su idoneidad en este estudio.

d) Indica si se trata de un estudio longitudinal o transversal. Razona la respuesta.

Actividad 2

Realiza una búsqueda bibliográfica y selecciona un artículo científico concerniente al ámbito educativo para cada uno de los principales métodos de investigación científica (descriptivo, correlacional y experimental). A continuación, cumplimenta los siguientes apartados que se exponen para cada método y justifica tu respuesta en cada uno de ellos.

INVESTIGACIÓN EXPERIMENTAL	
Referencia del artículo	
Objetivo de la investigación	
Muestra de estudio	
Variable dependiente y variable independiente	
Grupo experimental y grupo control	
Estudio longitudinal o transversal	
Futuras líneas de investigación	

INVESTIGACIÓN CORRELACIONAL	
Referencia del artículo	
Objetivo de la investigación	
Muestra de estudio	
Variables intervinientes	

Tipo de correlación (positiva o negativa)	
Futuras líneas de investigación	

INVESTIGACIÓN DESCRIPTIVA	
Referencia del artículo	
Objetivo de la investigación	
Método utilizado (observación, entrevistas, cuestionarios, test estandarizados o estudios de caso)	
Estudio longitudinal o transversal	
Futuras líneas de investigación	

ÍNDICE